Spielregeln des Lebens

AF285921

Bernhard Offermanns

Spielregeln des Lebens

Oder die Reise aus dem Ich

Bibliografische Information der Deutschen Nationalbibliothek:
Die Deutsche Nationalbibliothek verzeichnet diese Publikation in der Deutschen
Nationalbibliografie; detaillierte bibliografische Daten sind im Internet über
< http://dnb.d-nb.de > abrufbar.

© 2008 Bernhard Offermanns
Umschlaggestaltung, Herstellung und Verlag: Books on Demand GmbH, Norderstedt
ISBN: 978-3-8370-0332-1

Inhalt

Vorwort

Bevor Sie dieses Buch lesen:
Würde es einen Roboter geben, der genauso funktioniert wie ein Mensch, dann würde seine Entwicklung das gesamte Vermögen der Welt verschlingen! Denken Sie mal darüber nach, wie wertvoll Sie sind.

Die Chemie des menschlichen Organismus ist sehr umfangreich, für jedes Gefühl, das wir erleben und empfinden, gibt es in unserem Körper eine chemische Reaktion und kann durch Gedanken verändert werden.

Dieses kleine Buch ist sehr einfach geschrieben, sodass es jeder verstehen kann: Ich empfehle jedoch, das Buch mehr als nur einmal zu lesen!
Der Titel des Buches mag Ihnen etwas seltsam vorkommen, jedoch werden Sie beim Lesen feststellen, wie normal es ist, gewisse Dinge zu verstehen.

Sie werden auch feststellen, dass die Realität unsere Natur ist. Auch wenn es sich um Dinge handelt, die Sie nicht sehen können.
Gedanken können Sie nicht sehen, jedoch bewegen sie Dinge und Ereignisse in unserem Leben.

Was sind wir?

In allererster Linie sind wir Menschen! Menschen mit Leib und Seele. Menschen! Und das sollte uns bewusst sein, wir sind Menschen, die durch bioelektrische, chemische und physikalische Energien denken und leben. Menschen, die man achten, ehren und lieben sollte, unabhängig von Rasse und Hautfarbe.

Wir Menschen äußern uns durch das Nervensystem, Gefühle, Körpersprache, Rhetorik, Emotionen, Mimik und vor allem durch unsere Sprache.

Sie werden erfahren, dass wir Menschen eine eigene Aura besitzen! Eine Aura aus chemischer Energie, die unseren Körper aus astralartigem Nebel umgibt.

Unser Denken ist das Sein! Denken ist Wirken, so wie wir denken, so leben wir.

Das Wachbewusstsein denkt, und das Unterbewusstsein lenkt und lässt unseren Körper danach handeln. Wenn Sie einen Stein ins Wasser werfen, zieht der Aufprall des Steins die Wellen des Wassers nach vorne, so ungefähr müssen Sie sich die Impulse Ihrer Gedanken vorstellen. Die Gedankenimpulse ziehen immer nach vorne, dies ist ein physikalisches Gesetz! Wichtig ist nur, dass wir sehr darauf achten, dass diese Impulse positiver Natur sind. Denn auch negative Gedanken ziehen ihre Wellen nach vorne.

Erst wenn das positive Denken zu Fleisch und Blut geworden ist, stimmt die bioelektrische Chemie in unserem Körper.

Mit positivem Denken bewirken Sie, dass Sie positiv leben und dass positive Ereignisse im Leben auf Sie zukommen, ob Sie es wollen oder auch nicht.

Anzuerkennen, dass unsere Gedanken aus Energie bestehen, ist der erste Schritt zu verstehen, dass der Geist existent ist.

Alles Sichtbare ist Energie, besteht aus Materie, ist fühlbar und anfassbar.

Der seelische Geist, dessen Motorik der Gedanke ist, bildet die Energie und den Mechanismus im Einklang mit dem bioelektrisch-chemischen Körper. Das Denken, das von Überzeugung und Glaube getragen ist, erzeugt die Energie, die sichtbar ist! Die Wirkung, Realität und Funktionalität darstellt.

Alle Dinge, die es auf Erden gibt, sind zuvor erdacht worden, es ist der Gedanke, der zählt, der alles vollendet, der uns alle Möglichkeiten gibt, der uns arm und reich macht, der uns krank und schlecht macht, der uns Kriege führen lässt und unsere Erde vernichtet.

Seien wir vorsichtig mit unseren Gedanken, die so eine unendliche Macht haben, alles im Leben zu verändern! Auch die chemische Reaktion in unserem Körper. Es ist eine absolute Realität, dass Gedanken elektromagnetische Schwingungen (Wellen) sind, die durch Raum und Zeit wandern. Die Gedanken sind eine physikalische subatomare funktionierende Einheit.

Als Mensch sind wir ideal! Wir haben alles, was wir brauchen! Einen funktionierenden Körper mit Organen und eine sich veränderbare Chemie. Jeder von uns ist einzigartig! Jeder von uns hat seine eigene Aura, seine eigene Persönlichkeit und sein eigenes Ich.

Das Allerwichtigste ist: Wir sind Menschen! Und das unterscheidet uns vom Tier. Wir haben die Macht zu denken! Und mit Gedanken kann man schon so einiges bewegen. Gedanken bringen Ereignisse in unser Leben, wichtig ist nur, wie wir denken: Das positive Denken ist das Geheimnis unserer Macht.

Gedanken sind Kräfte! Sozusagen antimaterielle magische Energien, ungefähr wie der Strom aus der Steckdose. Sie merken seine Kraft, können ihn jedoch nicht sehen.

Gibt es eine Seele?

Ja! Es gibt eine Seele!
Anhaltspunkte dafür liefern die Parapsychologen, meines
Erachtens sind die Parapsychologen der Seele sehr nah. Diese
Leute haben erkannt, dass die Seele eine feinstoffliche
Plasmachemie ist, die jeder Mensch besitzt! Ein sogenannter
Astralkörper.
Dieser Astralkörper (Seele) besitzt die Fähigkeit, den
physischen Körper, unseren Leib, zu verlassen; er liegt
außerhalb der Sinnesorgane und ist für uns somit nur beim
Ausscheiden aus dem physischen Körper sichtbar und unter
gewissen Umständen auch während der Lebenszeit.
Diese mentale Seele lebt in unserem Körper und gibt der
biologischen Chemie des Körpers die nötige Energie, die wir
brauchen zum Leben. Diese Seelenenergie ist und bleibt stabil,
nur die chemischen Elemente in unserem Körper sind durch
Drogen und Gedanken beeinflussbar.
Es besteht sogar die Möglichkeit, die chemischen Elemente
der Seele zu verändern oder den physischen Körper von der
Seele zu trennen – deshalb spreche ich hier auch von der Reise
aus dem Ich.
Die Reise aus dem Ich geschieht auch, wenn wir sterben
müssen, unser biologischer Körper bleibt zurück! Doch die
Seele lebt weiter in Zeit und Raum. Es ist eine unwiderrufliche
Tatsache, dass es die Seelenwanderung gibt, dafür gibt es auch
Beweise.
Auch wenn Sie sich verlieben, geschieht das nur, weil Sie
diesen Menschen schon aus einem anderen Leben kennen. Die
Seele können wir noch nicht sehen und auch nicht schmecken,
jedoch können wir sie empfinden und physisch fühlen. Auch
unser Zeitgefühl ist eine Empfindung dieser Seele! Was man

vor zehn oder zwanzig Jahren erlebt hat, kommt uns so vor, als sei es erst gestern gewesen.

Diese Seele, dieses Etwas, es lässt uns leben, es lässt uns atmen, es lässt uns sprechen, es gibt uns unsere Geburt und unsere Lebenszeit, es ist unser Ich!

Den Rest übernimmt der organische Körper! Jedoch, seien wir vorsichtig! Die Seele kann auch krank werden, diese Seele ist träger für unsere Gefühle und Empfindungen, Begierden und Träume.

Ist die Seele krank, so nennt man das auch den sogenannten zweiten Tod, der Seelenschmerz dauert etwas länger als eine Verletzung am physischen Körper. Diese Verletzung kann man verbinden und sie heilt. Jedoch die Seele können Sie nicht verbinden, diese ist nicht materiell zu sehen, nur zu empfinden! Dieser Astralkörper (Seele) gibt uns auch unser Lachen, unser Glücksgefühl, unser Verlieben, unsere Traurigkeit, unsere Emotionen, unseren Trieb, unser Verlangen, und lässt uns auch ein Mörder sein! Alles steckt in uns! Der Bettler und der König.

Tatsache ist, dass die Seele sich in der Chemie des physikalischen Körpers befindet und eigenständige Reaktionen ausüben kann. Diese Seele, der sogenannte Astralkörper, besitzt die Fähigkeit, sich von der biologischen Chemie des Körpers zu trennen. Und sie kann als Lichtnebel in den ungeborenen Fötus eindringen, somit bekommen der Fötus und die Bildung des Embryos die Energie zum Leben so wie eine Batterie, die man braucht, um ein Gerät laufen zu lassen.

Ich spreche hier nicht von Geistern oder Fantasien, sondern von Tatsachen! Menschen, die schon mal kurz vor dem Tod gestanden haben, behaupten, ein Licht zu sehen! Das ist richtig: Denn dieses Licht ist zu sehen, wenn sich der Astralkörper von der Chemie des Körpers trennt. Bei dieser

Trennung geschieht eine chemische Reaktion und eine neue Bewusstseinsphase – vom Ichbewusstsein zum Mentalbewusstsein.

Dieses Mentalbewusstsein (Astralkörper) geht in den ungeborenen Fötus ein und gibt uns eine neue Wiedergeburt! Dies ist kein Glaube, sondern eine unwiderrufliche Tatsache, das bedeutet: eine kurze Zeit getrennt sein vom physischen Körper! Somit bedeutet der Tod keine endgültige Vernichtung des Ichbewusstseins.

Die Verstorbenen gehen somit nur optisch von uns und bleiben mit der getrennten Seele hier auf Erden und agieren mit einem neuen Körper.

Im Klartext gesagt: ohne Geburt kein Tod und ohne Tod keine Neugeburt. Bevor Sie geboren wurden, wussten Sie nicht, dass Sie jemals auf diese Welt kommen würden, nach dem Tod wissen Sie nicht, ob Sie jemals auf dieser Welt waren.

Diese wundervolle Seele existiert! Und es sollte uns bewusst sein, dass die Seele durch chemisch-physikalische Gesetze lebt.

Halten wir unsere Seele in die Sonne, denn die Sonne scheint jeden Tag! Auch wenn Wolken davor sind. Pflegen wir das Wunder Seele so gut wie nur möglich, denn es bleibt uns noch eine sehr, sehr lange Zeit erhalten.

Merken wir uns, dass positive Gedanken positive Ereignisse hervorrufen und dass auch die Gedanken unsere Seele gesund halten.

Sich selbst lieben

Wie viele Menschen sind durch ihr Umfeld genormt worden, sozusagen in eine Form gepresst worden, mit all ihren Gedanken und Gefühlen. Sei es durch Freunde, Bekannte, Familie und Beruf, Beeinflussung findet jeden Tag statt! Überall auf dieser Welt.

Wenn Sie ein Handtuch falten, ist dieses Handtuch kleiner als normal! Stellen Sie sich mal vor, man hat Sie mit den Jahren klein gefaltet wie dieses Handtuch. Wer sagt denn eigentlich, dass Sie gefaltet bleiben müssen! Wenn Sie sich verändern wollen, dann können Sie das zu jeder Zeit tun! Wann immer Sie es auch wollen. Sie allein bestimmen, was Sie wollen und was Sie sein möchten. Sie sind für sich verantwortlich, und was Sie nicht wollen, müssen Sie von sich weisen.

Sie allein bestimmen, was Sie sein möchten: der König oder der Bettler. Ja, Sie können auch ein Engel auf Erden sein. Alles steckt in uns! Ein Star, ein König, ein General, ein Präsident, ein Doktor und auch ein Professor, so wie auch ein Mörder oder Bettler.

Sich selbst zu besiegen bedeutet, eine Reise aus dem alten Ichbewusstsein zu machen, dem alten Ichbewusstsein, das Sie nicht mehr sein möchten.

Legen Sie den alten Schatten Ihres Körpers ab und nehmen Sie den Schatten der Sonne an.

Lieben Sie sich selbst, Ihre Familie, Ihre Welt, Ihre Mitmenschen, es gibt keine größere Macht auf Erden als die Liebe! Diese ist unbezahlbar! Wenn Sie sich selbst lieben können, dann können Sie auch Ihre Mitmenschen lieben. Sie müssen mit sich selbst einverstanden sein, so wie Sie sind, mit all Ihren Macken. Nörgeln Sie nicht über sich selbst, sondern freuen Sie sich über jeden Tag, den Sie erleben dürfen.

Lernen Sie positiv zu denken und halten Sie alles Negative von sich fern! Lernen Sie auch, in einem negativen Ereignis das Positive zu sehen. Alles hat einen Grund im Leben, auch das negative Ereignis! Denn dieses ist dazu da, um es beim nächsten Mal zum positiven Ereignis werden zu lassen.

Positive Gedanken schaffen materielle Realität aus antimaterieller Essenz, Gedanken versetzen sich in unserem Körper durch Moleküle, und genau so geben wir die Impulse aus Energie weiter.

Denken Sie an den Fluss, in den Sie einen Stein werfen, beim Aufprall des Steines ziehen die Wellen des Flusses nach vorne, ungefähr so geben wir auch unsere Gedanken weiter. Auch unsere Mitmenschen empfangen diese Gedanken unbewusst, so wie ein Radiogerät! Empfangen und senden. Sie werden feststellen, dass Sie durch das Senden von positiven Gedankenimpulsen Ihre Mitmenschen begeistern werden, bewusst oder unbewusst werden sie positive Ereignisse in ihrem Leben erleben.

Dies ist eine physikalische, subatomare, funktionierende Einheit – damit möchte ich betonen, dass es sich bei unseren Gedanken um ein ganz natürliches Phänomen handelt.

Ich möchte jetzt mal versuchen, unsere Gedanken folgendermaßen zu formulieren: Wir senden mit unseren Gedanken Atome aus, die durch Raum und Zeit wandern. Diese Gedanken empfangen unsere Mitmenschen unbewusst. Gedanken bewegen antimaterielle Atome, die wir dann als Nebel feinster Materie empfangen, besser gesagt: feinste Partikel.

Vorsicht! Halten wir Fantasie und Realität gut auseinander, Psychokinese ist Realität! Fantasie entsteht im Geist.

Vergessen wir auch nicht, dass ein Atom keine feste Entität ist. Die Energie der Gedanken nimmt Zustände und Formen an, die sich durch raumlose Zeit bewegen.

Gedanken können wir nicht sehen! Jedoch, sie existieren! Sie sind Wirkungsweise und Ereignisse des Lebens.

Unser Zeitgefühl bewegt sich nicht in der Vergangenheit und auch nicht in der Zukunft, sondern nur in der Gegenwart. Sie können heute nichts für gestern tun, jedoch heute für morgen; alles, was vergangen ist, können Sie nicht mehr ändern! Nur in der Gegenwart können Sie die Zukunft für morgen erschaffen. Gedanken alleine genügen nicht! Man sollte in der Gegenwart auch handeln und tun! Positive Gedanken und gleichzeitiges Handeln sind die Harmonie für eine erfolgreiche Zukunft.

Wenn Sie möchten, dass morgen ein Haus auf einer Wiese stehen soll, dann müssen Sie heute schon daran arbeiten – nur mit dem Arbeiten in der Gegenwart gestalten Sie Ihre Zukunft für morgen.

Mit Menschen umgehen

Mit diesem kleinen Buch erhalten Sie ein paar Anregungen, wie man sich das Leben etwas leichter und schöner machen kann. Was Sie zum Schluss daraus machen, liegt allein in Ihren Händen.

Wenn wir selbst ein erfolgreiches Leben führen wollen, dann sollten wir unseren Mitmenschen nur das Allerbeste wünschen.

Fremde sind Freunde, Sie müssen sie nur kennenlernen. Es gibt eben einige Mitmenschen, die glauben, etwas Besseres zu sein. Das sollten wir diesen Mitmenschen aber nicht übel nehmen. Vergessen wir nicht, dass wir alle zur Toilette gehen müssen. Tragen wir das Selbstbewusstsein des anderen mit, denn wir alle sind wundervolle Menschen und werden es auch bleiben.

Sie mögen es glauben oder auch nicht. Alles, was wir unseren Mitmenschen Gutes tun, kommt Ihnen im positiven Sinne zugute. Unser Unterbewusstsein arbeitet genau in dieser Art: eine Art, die so wundervoll ist – nur ausnutzen lassen sollten Sie sich nicht.

Sie sollten schon ein feines Gefühl dafür haben, wer es ehrlich meint und wer nicht. Selbst dem Unehrlichen können Sie zeigen, was es heißt, ehrlich und aufrichtig zu sein. Sie sollten nur in der Lage sein, ihn zu begeistern. Denn auch der Unehrliche wird es dankend annehmen, schon allein aus dem Grund, sein Gewissen zu erleichtern. Selbst der Gedanke daran, schlecht über die Mitmenschen zu denken, bringt eigene Schwierigkeiten und Probleme in Ihr Leben. Gute Gedanken und ein Lächeln im Gesicht sind der Nährboden, Ihre Mitmenschen zu begeistern, und es ist der Sonnenschein für Ihr eigenes Leben.

Nun haben Sie einige Spielregeln zur Beachtung Ihrer Mitmenschen gelesen. Ob es für Sie interessant ist oder nicht, das weiß ich nicht, aber ich denke, dass es wichtig ist, die Spielregeln des Lebens schon heute zu lernen – lieber heute als morgen. Und wir haben gelesen, dass unsere Gedanken eine Ausstrahlung haben, Ausstrahlung mit sicherer Wirkung auf unsere Mitmenschen.

Wissen Sie, wenn Sie einen Arbeitskollegen haben, mit dem Sie absolut nicht zurechtkommen, dann liegt es daran, dass Sie sich nicht für ihn interessieren. Stellen Sie ihm doch einfach ein paar Fragen. Fragen, die seine Persönlichkeit betreffen, und sprechen Sie bei jeder Frage seinen Namen aus.

Herr Maier, wie lange arbeiten Sie hier schon? So und so: Herr Maier, dann haben Sie ja eine große Verantwortung, und so weiter. Aber vergessen Sie nie seinen Namen. Sie werden innerhalb von ein paar Tagen sehen, dass Sie mit diesem Arbeitskollegen hervorragend zurechtkommen werden. Warum? Ganz einfach! Sie haben sich für diesen Mitmenschen interessiert und ihn anerkannt. Damit haben Sie bewirkt, dass Sie sich verstehen.

Nehmen Sie sich Zeit, wenn Ihre Mitmenschen etwas zu sagen haben, und seien Sie ein guter Zuhörer. Damit geben Sie Ihren Mitmenschen das Gefühl, da ist jemand, der mich beachtet und mich anerkennt.

Wie Sie mit einer Flasche Mineralwasser ein Herz gewinnen? Ich beobachtete, dass eine junge Frau mehrmals am Tag an einer Baustelle spazieren ging. Eines Tages sprach ich diese junge Frau an.

Ich sagte zu ihr: „Wunderschönen Tag, junge Dame."

Sie erwiderte: „Schönen Tag."

Ich fragte sie, warum sie so oft hier spazieren gehe.

Sie sagte zu mir: „Sehen Sie den jungen Mann mit dem braun gebrannten tollen Körper?"

„Ja", sagte ich zu ihr, „und was ist mit diesem jungen Mann?"

Sie erwiderte: „Ich finde diesen jungen Mann ganz, ganz toll."
Ich sagte: „Und warum sprechen Sie den jungen Mann nicht einfach an?"
Sie sagte: „Ich kann das nicht."
„Gut", sagte ich, „dann machen Sie es doch ganz anders. Wissen Sie, es ist Sommerzeit und wir haben zurzeit 32 Grad im Schatten. Wissen Sie, wie hart es ist, in dieser Hitze zu arbeiten und wie sehr sich dieser junge Mann freuen würde, wenn Sie ihm eine kalte Flasche Mineralwasser geben würden? Er wäre sehr dankbar dafür."
Sie sagte zu mir: „Vielen Dank." Sie ging weiter und kam nach einer halben Stunde mit einer Flasche eiskaltem Mineralwasser und gab diese dem jungen Mann. Heute sind die beiden verheiratet.
Was hat diese junge Frau gemacht? Ganz einfach. Sie hat sich um diesen Mitmenschen gekümmert. Sie hat ihn anerkannt und beachtet.
Vergessen wir bitte nicht, dass wir alle unsere Mitmenschen beachten und anerkennen sollten. Jeder Mensch ist und möchte gerne ein Gewinner sein. Geben wir uns Menschen die Gelegenheit, ein Gewinner zu sein.
Sehen wir in erster Linie, dass wir alle nur Menschen sind, Menschen mit Herz und Seele, egal, von welchem Teil der Erde wir kommen. Nur eines ist wichtig: Mensch zu sein und Mensch zu bleiben.
Der schönste und beste Reichtum, den wir Menschen haben können, ist unsere Gesundheit. Sie können Millionen besitzen, was nützt es Ihnen, wenn Sie blind sind oder nicht laufen können. Gesundheit können Sie für kein Geld auf der Welt kaufen. Die heutige Medizin macht schon einiges möglich, die Jungs sind schon spitzenmäßig, jedoch bringen sie uns nicht die Gesundheit. Die Mediziner tun ihr Bestes. Sie verbinden unsere Wunden, heilen müssen wir uns schon selbst.

Gesund sein und bleiben, dafür ist die Menschheit selbst verantwortlich. Und wenn wir dazu bereit sind, einigermaßen gesund zu leben, dann ist unser Leben ein wundervolles Leben auf einer wundervollen Welt.

Wir Menschen sind wundervoll! Und wir sind in der Lage, wundervolle Dinge zu vollziehen.

Spielregeln des Lebens

Sagen Sie zu sich selbst folgende Worte: Es geht mir gut. Ich bin gesund. Ich bin glücklich. Ich bin reich. Ich bin verliebt. Ich bin beliebt.

Glauben Sie das, was Sie zu sich selbst sagen, und stellen Sie sich vor, dass es auch in Wirklichkeit so ist. Entwickeln Sie das Gefühl dazu, dass Sie sich wohlfühlen und gesund sind. Erst dann erleben Sie, dass Ihr Unterbewusstsein diese Zustände realisiert hat. Wenn Sie täglich nur schon sagen: „Ich bin glücklich", erleben Sie nach ein paar Tagen, dass Sie plötzlich anfangen zu lachen – aus heiterem Himmel.

Können Sie sich in Ihrer Vorstellung Folgendes vorstellen: Angenommen, ein Mann sucht seine Traumfrau. Wenn der Mann sich bildlich und lebhaft vorstellen kann, dass er jetzt schon mit seiner Traumfrau Hand in Hand durch den Park geht und ganz fest, ohne zu zweifeln, daran glaubt, wird sein Unterbewusstsein diese Vorstellung realisieren. Das Unterbewusstsein wird alles, was dafür nötig ist, auf ihn zukommen lassen, auch seine Traumfrau.

Denken Sie an die antimateriellen Energien, die Sie mit Ihren Gedanken durch Raum und Zeit gleiten lassen. Energien, die jeder Mensch von Geburt an von Gott als Gabe bekommen hat. Kleinste Gedankenpartikel, die Sie zu Ereignissen formen können. Ihr Unterbewusstsein formt und realisiert diese positiven Gedanken als feste Materie in Ihrem Leben.

Denken Sie an den Stein, den Sie in den Fluss werfen, die Wellen ziehen immer nach vorne.

Und nun kommen wir zum eigentlichen Titel des Buches, zu den Spielregeln des Lebens. Die Spielregeln des Lebens sind geschrieben worden, um Ihr Leben und das Ihrer Mitmenschen schöner und glücklicher zu gestalten.

Mobilisieren wir doch unser positives Denken. Mobilisieren wir unser Unterbewusstsein. Mobilisieren wir unseren Glauben an das Schöne und Gute auf dieser Welt. Es lohnt sich, auf dieser wundervollen Welt zu leben.

Die erste und wichtigste Regel ist zu wissen, wie unsere Gedanken und unser Unterbewusstsein sowie unsere Seele reagieren und funktionieren. Deswegen habe ich dieses als Erstes beschrieben, und ich denke, dass Sie wissen, was ich meine. Wer sonst als Sie? Sie sind der Mensch, der die beschriebenen Kräfte hat und die Möglichkeiten, diese zu benutzen.

Auf den folgenden Seiten in diesem kleinen Buch können Sie jetzt ein paar Spielregeln des Lebens lesen, und ich denke mal, dass noch einige Regeln dabei sind, die für den einen oder anderen interessant sind.

Schauen Sie Ihren Mitmenschen in die Augen, dann schauen Sie in die Seele. Alles geht, auch das Nichts, Sie sollten es nur tun. Seien Sie stets freundlich zu sich selbst und zu Ihren Mitmenschen.

Und nun! Testen wir uns mal selbst. Können Sie sich begeistern? Wenn Sie sich durch Eigenmotivation motivieren, werden Sie keine Probleme haben, Ihre Mitmenschen zu begeistern. Sie sollten sich selbst gut finden und mit sich selbst zufrieden sein.

Hallo, Sie da! Haben Sie Lust, ein paar Übungen mit mir zu machen? Gehen Sie mal bitte zum Badezimmer und betrachten sich im Spiegel. Sagen Sie zu sich selbst, dass Sie ein toller Mensch sind. Sie sind ein toller Mensch, ich weiß es, sonst würden Sie dieses Buch nicht lesen. Klopfen Sie sich selbst auf Ihre Schulter und sagen Sie sich, ich bin ein toller Typ oder ich bin eine tolle Frau. Umarmen Sie sich selbst und sagen Sie sich, dass Sie sich gern haben.

Na, wie fühlen Sie sich jetzt, besser oder schlechter? Ich denke, Sie fühlen sich besser. Wenn Sie diese Übungen täglich machen, werden Sie merken und fühlen, dass es Ihnen besser geht. Sie werden mehr Energie und Lebensfreude haben. Und Sie werden feststellen, dass Sie mit Ihren Arbeitskollegen und Ihren Mitmenschen besser zurechtkommen. Eigenmotivation ist ansteckend wie eine Krankheit.

Freuen Sie sich auf jeden Tag, den Sie erleben dürfen. Haben Sie schon mal Ihren Hund beobachtet, wenn Sie morgens aufstehen. Er freut sich riesig, mit Ihnen den Tag zu verbringen. Das Schwanzwedeln des Hundes ist sein Lachen und seine Freude.

Freuen wir uns des Lebens, denn es ist einfach wundervoll. Und jeden Tag scheint die Sonne, auch dann, wenn Wolken davor sind. Unsere Erde hat keine Probleme. Nur der Mensch glaubt, Probleme haben zu müssen. Lernen Sie auch mal, NEIN sagen zu können. Damit töten Sie einen großen Teil Ihrer Probleme.

Nur das Heute ist wichtig, heute ist der wichtigste Tag in Ihrem Leben. Um Ihre Ziele zu erreichen, sollten Sie immer in der Gegenwart daran arbeiten. Die meisten Menschen verschwenden ihre Zeit damit, indem sie an die Vergangenheit denken, dabei vergessen sie leider die für uns Menschen so wichtige Gegenwart. Denn diese Gegenwart ist eine reale Zeit, die Vergangenheit ist eine tote Zeit, man kann diese Zeit nicht mehr einholen und auch nicht verändern. Heute ist die Gegenwart! Und das ist eine lebende Zeit, sie ist veränderbar und zu bewegen, diese Zeit lebt mit Ihnen! Also nutzen wir diese Zeit, solange wie es nur irgendwie geht.

Ein kleines Gedicht!

Es liegt allein in unseren Händen,
unser Leben zu wenden.
Was wir daraus machen, ohne zu zögern und zu warten.
Und wenn wir wollen, dass Träume sich erfüllen sollen,
müssen wir handeln! Und uns wandeln.

Das Ziel!!

Betrachten Sie Ihr Ziel als eine Frau, die Sie haben und lieben
können, damit Sie einen Trieb haben, Ihr Ziel zu erreichen.

Wenn Sie nur an das glauben, was Sie auch sehen, dann zweifeln Sie an Ihrem eigenen Glauben.

Heute ist der schönste Tag in meinem Leben!

Ihr Unterbewusstsein funktioniert nur, indem Sie es mit positiven Gedanken füttern, erst dann trägt es die Früchte für positive Ereignisse in Ihrem Leben.

Es gibt genug Geld auf dieser Welt! Wir müssen nur lernen es zu zählen, damit wir es auch richtig aufteilen können.

Ein Alkoholiker glaubt, dass er eine Flasche leer trinkt, so ist es jedoch nicht. Die Flasche trinkt den Alkoholiker leer, Stück für Stück! Sie nimmt seine Fantasie, seine Liebe, seinen Familiensinn, seine Gefühle, sein Herz und seine Seele. Es sollte unsere Aufgabe sein, so einem Menschen zu helfen! Denn jeder kann zum Alkoholiker werden, auch Sie und ich.

Alt zu werden gehört zum Luxus in unserem Leben. Sollten Sie jedoch nicht älter werden, dann sollten Sie unbedingt zum Onkel Doktor gehen, denn dann stimmt irgendetwas nicht.

Wer sich selbst und seine Mitmenschen liebt, der wird geliebt.

Kritisieren Sie weich statt hart, denn hart tut weh.

Armen Mitmenschen zu helfen, ist ein neues Leben für die Armen. Beachten Sie Ihre Mitmenschen, denn das ist wie Wasser für die Blume. Nehmen Sie die Menschen so an, wie sie sind, und überlegen Sie, was man daraus machen kann. Finden Sie deren Talente.

Fremde sind Freunde, Sie müssen sie nur kennenlernen. Der richtige Umgang mit unseren Mitmenschen öffnet uns alle Türen zum Herzen und der Seele dieser Menschen.

Sich bewegen heißt, etwas in Bewegung zu setzen.

Wenn Sie ein Vorbild für Ihre Mitmenschen sein wollen, dann müssen Sie zu Ihrer eigenen Persönlichkeit stehen. Sie sollten bereit sein, sich selbst zu lieben, dann werden auch Sie geliebt.

Nur mit Ihrer eigenen Persönlichkeit können Sie ein Vorbild sein, damit Ihre Mitmenschen ein Vorbild haben.

Ein Leben ohne Ziel ist ein sinnloses Leben. Leben Sie Ihre Träume.

Es gibt keine Zufälle

Sie mögen es drehen und wenden, wie Sie wollen, es gibt keinen Zufall, ich weiß es. Es geschieht nichts aus Zufall. Alles ist gedacht, geplant und erarbeitet. Wenn Wissenschaftler etwas Neues erfinden, dann geschieht dies nicht aus Zufall, sondern durch Fleiß und Arbeit.

Es gibt keine Zufälle, auch wenn Sie der Meinung sind, es war ein Zufall. Ein Haus erbaut sich nicht durch Zufall. Die Liebenden lieben nicht durch Zufall und der Mensch ist kein Zufallsprodukt.

Entweder haben Sie vorher an eine Sache oder an eine Person gedacht oder Sie haben an der Sache oder an der Person gearbeitet, auch durch Gedankenübertragung. Wenn es eine ungedachte Begegnung ist, so ist dies ein Zeichen, das Ihnen mit Sicherheit vom Unterbewusstsein gegeben wird.

Noch eine Frage habe ich an Sie: Halten Sie sich für ein Zufallsprodukt? Niemandem fällt irgendetwas zu. Sie müssen für alles etwas tun, auch für den von uns sogenannten Zufall. Zufällig treffen Sie irgendjemanden, nein, es gibt ja keinen Zufall, Sie treffen diese Person, weil Sie auf irgendetwas aufmerksam gemacht werden, sei es bewusst oder unbewusst, dies geschieht durch Denken und Fühlen. Wir Menschen senden und empfangen bewusste Signale. Signale, die uns vom Unterbewusstsein in die reale Welt führen.

Auf Wiedersehen, du sogenannter Zufall, und willkommen in der Wirklichkeit.

Ein Mensch, der einen anderen Menschen tötet, ist ein Mörder, er tötet nicht aus Zufall, sondern weil er es vorher geplant hat. Vergessen wir endlich den Zufall, es gibt keinen Zufall.

Wer nicht an den Zufall glaubt, lebt erfolgreicher, das gilt auch für die Polizei und den Kriminologen. Zu 75 Prozent steht hinter dem sogenannten Zufall eine Lüge.

Und sollte es keine Lüge sein, dann ist es bestimmt durch Gedanken. Jeder Kriminelle hat vorher den Gedanken daran, etwas nicht Legales zu tun, der Kindermörder beobachtet sein Opfer lange Zeit, bevor er zuschlägt! Er kann nicht sagen, er habe das Kind zufällig getroffen, nein, so ist es nicht! Denn es gibt keinen Zufall! Das ist eine Lüge.

Unser Universum ist nicht durch Zufall entstanden, um Gottes willen! Wir hätten sonst ein einziges Chaos.

Niemand wird durch Zufall ein Star oder ein Schriftsteller, niemand wird durch Zufall reich, alles im Leben ist bestimmt! Auch ein sogenannter Lottogewinn.

Und für alles, was Sie im Leben erreichen wollen, müssen Sie etwas tun, auch wenn Sie Geld verdienen wollen. Sie fahren Ihr Auto nicht, weil es durch Zufall entstanden ist, nein, es ist errechnet, erarbeitet und von Technikern entwickelt worden.

Für mich gibt es das Wort Zufall nicht und es ist auch eigentlich kein Thema für mich, jedoch irgendjemand sollte Sie darauf aufmerksam machen, dass es keinen Zufall gibt.

Kleine Geschichten

Der kleine und der große Mann. Der kleine Mann ist ein total negativ denkender Mensch. Er verachtet all seine Mitmenschen und wünscht seinen Mitmenschen nur alles Schlechte. Immer wenn der kleine Mann von Menschen hört, denen es gut geht, sagt er: alles Verbrecher, sollen sie an ihrem Geld ersticken. Ich wünsche euch Armut und Krankheit. Der kleine Mann ist selbst sehr arm und krank, warum?

Der große Mann ist gesund und reich; er ist ein sehr positiv denkender Mensch. Er wünscht seinen Mitmenschen alles erdenklich Gute. Gesundheit, Anerkennung, Glück, Reichtum und Frieden. Was macht sein erfolgreiches Leben aus? Ganz einfach, der große Mann hat gelernt, positiv zu denken. Und er weiß, wie man sein Unterbewusstsein lenkt und führt.

Der kleine Mann ist arm und krank, weil er nicht gelernt hat, positiv zu denken, und auch nicht weiß, wie unser Unterbewusstsein arbeitet. Er ist selbst schuld, denn was man anderen Menschen Schlechtes wünscht, kommt auf einen selbst zurück. Was man sät, das erntet man, oder wie man ständig denkt, das soll geschehen.

Das Leben des kleinen Mannes wäre mit Sicherheit besser gelaufen, wenn auch er die Möglichkeit gehabt hätte zu lernen, wie man positiv denkt und wie unser Unterbewusstsein arbeitet.

Die Geschichte von dem kleinen Mädchen

Da sitzt ein kleines Mädchen von zehn Jahren im Sandkasten und träumt vor sich hin. Es träumt davon, später einmal verheiratet zu sein und drei Kinder zu haben. Heute ist dieses kleine Mädchen 28 Jahre alt, glücklich verheiratet und hat drei Kinder.
Ist dieses kleine Mädchen nicht erfolgreich? Oh ja!

Da sind wir wieder bei der Formel: „Erfolg ist gleich tun", oder: „Es zu tun heißt, erfolgreich zu sein."

Die Vorstellung zu haben, sich Dinge zu erfüllen, gibt uns die Kraft und den Glauben, unsere Träume zu verwirklichen.
Kennen Sie die Geschichte des Mannes, der im Hochsommer bei 30 Grad Hitze erfror? Ein Mann ging in einen Zugwaggon, plötzlich fiel die Tür zu. Er bekam eine solche Panik, dass er nicht einmal die Waggontür aufbekam. Er glaubte, die Tür sei eingefroren. In seiner Schockreaktion glaubte er, draußen sei tiefer Winter. Er stellte es sich glaubhaft vor. Nach zwei Stunden wurde ihm so kalt, dass er sogar nach einer Decke suchte. Am nächsten Morgen wurde dieser Mann tot aufgefunden. Der Notarzt stellte den Tod durch Erfrieren fest, der Mann ist wahrhaftig erfroren.
Dieser Mann hat seine Gedanken mit der Vorstellungskraft und dem Glauben daran vereint.

Sie jedoch sollen nicht in Panik reagieren, sondern mit Ihren Gedanken und der Vorstellungskraft Ihre Kräfte des Unterbewusstseins positiv nutzen.

Die weibliche Person

Eines hat das weibliche Geschlecht dem männlichen Geschlecht voraus, die Frau denkt von Geburt an positiver als der Mann. Denken und Handeln der Frau zeigen eindeutig positives Dasein. Das Sein der Frau ist fein und voller Gefühl. Frauen haben die Macht, uns Männer zu gebären, und ohne Frauen gäbe es auch keine Männer und ohne Männer keine Frauen, also: Wer behauptet wohl, dass die Frauen das sogenannte schwache Geschlecht sind. Der Mann oder wir Männer spenden nur den Samen! Die Frauen jedoch machen was daraus.

Die Frau ist das sogenannte schwache Geschlecht, weil der Mann es so denkt. Diese Gedanken sind jedoch negativ. Wir als Männer sollten unsere Frauen etwas mehr beobachten, damit es uns leichter fällt zu verstehen, dass es überhaupt kein schwaches Geschlecht gibt, sondern von Gott geschaffen als Mann und Frau.

Die Geburt eines Kindes ist etwas Wundervolles, ein neues Leben bewegt unsere Welt. Und Kinder sind die Zukunft der Menschen. Neue Persönlichkeiten werden geboren. Persönlichkeiten, die unser Leben verändern können und in die Geschichte der Menschen eingehen werden! Wie wundervoll ist da die Seele, die dem Fötus das Leben gibt.

Aber sie sollten die Möglichkeit und die Chance haben, sich zu entfalten. Jede Frau, die ein Kind gebärt, ist einfach wundervoll. Hoch lebe die Weiblichkeit, denn sie ist einfach nur zu beneiden. Auch die Frauen, die keine Kinder gebären können, sind wundervoll, denn sie verändern die Männlichkeit.

Haben Sie schon einmal ein Kind beobachtet, das etwas Aufregendes erlebt hat. Dieses Kind erzählt mit Händen und

Füßen, sodass man fast annehmen könnte, dieses Kind würde jeden Augenblick explodieren. Warum können wir Erwachsene nicht einfach mal Kind sein, haben wir vielleicht Angst, man könnte uns auslachen, weil wir uns so kindlich benehmen? Ist doch so was von egal. Tun Sie es doch einfach, leben und explodieren Sie, wie Sie es wollen.

Lassen Sie sich nicht nach den Wünschen der anderen formen. Formen und entfalten Sie sich selbst. Ziehen Sie sich von mir aus so viele Masken an, wie Sie nur wollen. Unsere eigene Persönlichkeit braucht keine Maske, in jedem Menschen liegen perfekte Persönlichkeiten.

Sicherlich trage ich ab und zu auch mal eine Maske, meistens zur Karnevalszeit. Masken sind auch wichtig fürs Theater und zur Schauspielerei, dort werden sie auch gebraucht. Einige Menschen sind nur in einer Form mit falscher Maske gefangen. Aber wehe, sie kommen da raus, dann sehen wir erst, mit was für wundervollen Menschen wir es zu tun haben.

Motivation

Dieses kleine Buch wird Ihnen eine Hilfe sein zu verstehen, warum wir Menschen so wundervoll sind und dass wir Kräfte besitzen, die tief in uns schlummern. Wir müssen sie nur aktivieren und trainieren.

Allein unser Unterbewusstsein hat eine unendliche Macht, Dinge zu vollziehen, die für uns unmöglich zu sein scheinen.

Dieses kleine Buch ist ungewöhnlich, genauso wie Sie selbst; hier in diesem Buch werden Sie auch eine praktische Anwendung finden, Ihre Kräfte zu nutzen und zu trainieren. Nicht nur lesen, sondern auch erleben.

Wir haben die Macht, alles im Leben zu erreichen, egal, was Sie auch wollen. Was möchten Sie erreichen? Vielleicht ein besseres Leben? Gesundheit und Reichtum oder Krankheit und Armut.

Ich glaube, dass Gesundheit, Liebe, Friede und die Anerkennung unserer Mitmenschen das Wichtigste ist, was es auf dieser Welt gibt. Das Wort Reichtum sollten Sie hier nicht in Geldwert schätzen, sondern das Glück haben, mit den Augen sehen zu dürfen.

Egal, wo Sie sich auf dieser Welt befinden, Zeit und Raum spielen hier keine Rolle.

Das Einzige, worauf es ankommt, ist, dass wir daran arbeiten und lernen, uns zu entfalten. Wenn Sie dazu bereit sind, Ihre Persönlichkeit zu entfalten, dann sollten Sie sich mit der Macht Ihres Unterbewusstseins vertraut machen. Es ist so egal, was Sie machen, Hauptsache ist nur, Sie tun es. Es zu tun ist das andere Wort für Erfolg.

Positive Gedanken und der Glaube daran, dass diese Gedanken Realität sind, bringen Ihr Unterbewusstsein dazu, es als positives Ereignis in Ihrem Leben zu leiten. Diese positiven Ereignisse müssen unweigerlich auf Sie zukommen, denn es ist die Funktionsweise unseres Unterbewusstseins, sich bildlich vorzustellen, dass Ihre positiven Gedanken real sind und dass das, was Sie positiv denken, auch existiert. Denken, Vorstellen, Glauben und Fühlen – all das besitzen wir, und wir können durch tägliches Üben unser Unterbewusstsein darauf trainieren.

Denken tun wir täglich, bleibt nur die Frage, wie denken wir? Denken wir täglich negativ oder positiv? Unser Unterbewusstsein lässt Schlechtes auf uns zukommen, wenn wir Schlechtes tun und denken. Denken wir Gutes und Positives, geht es uns und unseren Mitmenschen gut. Sie mögen es glauben oder auch nicht, das Unterbewusstsein bewirkt diese Dinge, an die wir denken und glauben.

Was ist das Unterbewusstsein und wie funktioniert es? Das Unterbewusstsein ist der König unseres Gehirns. Es ist die Wirkungsweise des Denkens und des Handelns.

Vorstellungskraft

Sagen Sie zu sich selbst folgende Worte: Es geht mir gut. Ich bin gesund. Ich bin glücklich. Ich bin reich. Ich bin verliebt. Ich bin beliebt.

Glauben Sie das, was Sie zu sich selbst sagen und stellen Sie sich vor, dass es auch in Wirklichkeit so ist. Entwickeln Sie das Gefühl dazu, dass Sie sich wohlfühlen und gesund sind. Erst dann erleben Sie, dass Ihr Unterbewusstsein diese Zustände realisiert hat. Wenn Sie täglich nur schon sagen: „Ich bin glücklich", erleben Sie nach ein paar Tagen, dass Sie plötzlich anfangen zu lachen – aus heiterem Himmel.

Können Sie sich in Ihrer Vorstellung Folgendes vorstellen: Angenommen, ein Mann sucht seine Traumfrau. Wenn der Mann sich bildlich und lebhaft vorstellen kann, dass er jetzt schon mit seiner Traumfrau Hand in Hand durch den Park geht und ganz fest, ohne zu zweifeln, daran glaubt, wird sein Unterbewusstsein diese Vorstellung realisieren. Das Unterbewusstsein wird alles, was dafür nötig ist, auf Sie zukommen lassen, auch Ihre Traumfrau.

Denken Sie an die antimateriellen Energien, die Sie mit Ihren Gedanken durch Raum und Zeit gleiten lassen. Energien, die jeder Mensch von Geburt an von Gott als Gabe bekommen hat. Kleinste Gedankenpartikel, die Sie zu Ereignissen formen können. Ihr Unterbewusstsein formt und realisiert diese positiven Gedanken als feste Materie in Ihrem Leben.

Vorstellungskraft! Was kann man sich allgemein darunter vorstellen? Ein paar Erklärungen zur Vorstellungskraft können Sie jetzt auf den nachfolgenden Seiten lesen.

Sie mögen es glauben oder auch nicht, die Vorstellungskraft hat etwas mit Ihrem Unterbewusstsein zu tun. In unserem Unterbewusstsein und in unseren Gedanken liegen magische

Kräfte verborgen. Kräfte, von denen wir nicht einmal ahnen, dass es sie gibt.

Das Unterbewusstsein bewirkt die Dinge, an die wir denken und glauben, wobei der Glaube an den Dingen verloren geht. Der Gedanke ist da! Nur der Glaube daran ist sehr schwach. An etwas ganz stark zu glauben kann man lernen und üben. Glaube versetzt Berge, Sie können mit der Hilfe Ihres Unterbewusstseins Dinge bewirken, bewegen und bestimmen, ohne sie mit Ihrem Körper zu berühren.

Ist unser Unterbewusstsein nicht außergewöhnlich? Wir Menschen sind außergewöhnlich.

Ich habe mein Unterbewusstsein einem harten Test unterzogen und festgestellt, dass wir Menschen es hier mit einer Macht zu tun haben, die für uns unbegreiflich zu sein scheint. Eine Macht, von der ich glaube, dass sie nicht durch Evolution, sondern durch Gottes Macht geschaffen wurde. Selbst wenn Sie ein Glücksgefühl fühlen möchten, brauchen Sie sich nur täglich positive Suggestionen zu sagen. Positive Suggestionen sind Wörter, die Sie zu sich selbst sagen. Suggestionen sind sogenannte Motivationswörter, mit denen Sie sich selbst motivieren können.

Denken wir an unsere mentale Seele, die die Fähigkeit hat, auch die Chemie des Unterbewusstseins zu formen. Unser Ichbewusstsein! Ein ICH mit einer eigenen Aura, unser Seelennebel, kleinste Atompartikel, die unseren Lebensraum umgeben, ein atomarer Astralnebel, den wir mit unseren Gedanken durch Raum und Zeit weiterleiten können. Weiterleiten zu unseren Mitmenschen.

Wir besitzen die Fähigkeit zu senden und zu empfangen. Senden Sie Ihre Aura positiv aus, damit Ihre Mitmenschen positive Gedanken empfangen können. Positive Impulse, voller Energie und Wirkung. Damit Sie sich selbst und Ihren Mitmenschen helfen können. Wir sind Gottes Kinder, mit göttlichen Gaben, Gaben, die Sie täglich positiv nutzen sollten für sich selbst und unsere Mitmenschen.

Vergessen wir bitte nicht, dass es Menschen gibt, die unsere Hilfe benötigen, Menschen, die Hunger haben, Menschen ohne Schule, Menschen ohne Familie und Ideale, Menschen, die nicht die Gelegenheit haben, sich entfalten zu können und zu dürfen. Doch auch diese Menschen haben das Anrecht darauf, es sollte unsere Aufgabe sein, diesen Mitmenschen zu helfen.

Wir alle haben das Recht, ein gutes und gesundes Leben zu führen. Wir leben in einer Welt, in der wir voller Glück und Gesundheit leben können. Wir sollten jedoch dazu bereit sein, gewisse Spielregeln des Lebens einzuhalten.

Suggestionswörter

Hier möchte ich Ihnen ein paar Suggestionswörter anbieten, von denen Sie sich das heraussuchen können, wo Sie der Meinung sind, das wäre doch was für mich. Falls Sie sich hier einen Satz heraussuchen, möchte ich Sie darum bitten, diesen Satz zehnmal vor dem Schlafengehen aufzusagen. Das können Sie tun, während Sie im Bett liegen.

Ich bin gesund.
Ich bin reich.
Ich bin vom Glück verfolgt.
Ich bin ein guter Mensch.
Ich bin glücklich.
Ich bin verliebt.
Ich bin ein guter Vater.
Ich bin eine gute Mutter.
Ich bin schön.

Das könnte man jetzt beliebig erweitern, wichtig ist nur, dass Sie vor jeden Satz „Ich bin …" setzen. Die Worte „Ich bin" werden vom Unterbewusstsein als Realität angenommen und führen dazu, dass diese Ereignisse in Ihr Leben treten. Natürlich müssen Sie auch etwas dafür tun, um das Gefühl dafür zu entwickeln, dass es so ist. Glauben Sie ganz, ganz fest daran und berühren Sie Ihre Seele.
Wenn Sie täglich ein paar Worte von diesen Suggestionen zu sich selbst sagen, werden Sie schon nach ein paar Wochen feststellen, dass es so ist.

Ich interessiere mich sehr für meine Mitmenschen. Mitmenschen sind und bleiben immer etwas Wundervolles. Würden Sie mir glauben, wenn ich sage, dass jeder Mensch ein Gewinner ist? Jeder Mensch ist ein Gewinner, denn wenn dies nicht so wäre, dann wären Sie heute nicht auf dieser Welt. Bevor Sie geboren wurden, mussten Sie gegen Milliarden von Samenzellen kämpfen. Sie sind derjenige, der es geschafft hat, den Eisprung zu erreichen. Und als Belohnung bekamen Sie die Energie der Seele, und mit der Energie der Seele bekamen Sie Ihr eigenes Ich! Die eigene Persönlichkeit.

Wir alle haben Grund genug, auf uns stolz zu sein. Der Mensch ist einzigartig und er ist unverwechselbar. Er ist Persönlichkeit im eigenen Ich.

Sind wir Menschen nicht wundervoll? Können Sie sich jetzt vorstellen, warum ich mich für meine Mitmenschen interessiere? Wir Menschen sind einfach toll, Sie, ich und alle anderen. Und wir haben das Glück, auf einer wundervollen Welt leben zu dürfen. Auf einer Welt, die alles für uns offen hält, die uns das Leben und noch einiges mehr zu bieten hat, das ist einfach bärenstark.

Geben Sie Ihren Mitmenschen die Gelegenheit, ihr Talent zu zeigen, damit sie dafür belohnt werden. Ich weiß, wie schwer wir uns tun, unsere Mitmenschen zu loben. Sie sollten es einfach nur tun. Sie dürfen auch kritisieren, wer aber kritisieren kann, der sollte auch loben können. Wenn Sie der Meinung sind, Sie müssen kritisieren, dann kritisieren Sie weich, hart tut weh.

Auch wenn es manchmal ein hartes Brot ist, sollte das Brot jedoch immer noch schmecken. Wie sagen die Öcher (Aachener): Da haste ne Zigarre bekommen, wa, Junge. Egal, Hauptsache, sie schmeckt.

Es gibt im Leben eines Menschen nur zwei Tage, die wir persönlich nicht beeinflussen können. Das ist der Geburtstag und der Todestag. Alle anderen Tage in unserem Leben können wir verändern, beeinflussen und bewirken. All diese Tage sind immer für uns das HEUTE.

Vielleicht gibt es ja irgendwann eine Schule, wo wir lernen dürfen, uns zu umarmen. Wo es Urkunden für Leistungen gibt statt Zeugnisse und einen Boxsack im Schulfoyer, wo wir unsere Aggressionen abbauen können. So eine Schule sollten wir uns alle wünschen, damit wir und unsere Mitmenschen besser miteinander auskommen. Eine Schule, wo man nicht nur rechnen und lesen lernt, sondern auch Menschen führen und begeistern lernt! Nur eine Unterrichtstunde am Tag würde die Gewalt an den Schulen sterben lassen! Darüber sollten wir mal nachdenken.

Zum Abschluss

Auf den ersten zehn Seiten des Buches habe ich erklärt, aus was wir Menschen bestehen und was wir von Natur aus sind. Ich habe versucht, es so einfach wie möglich zu erklären, beziehungsweise so, wie ich es verstehe. Ich hoffe, dass es mir gelungen ist, es Ihnen verständlich erklärt zu haben. Es ist oft nicht einfach, die Denkweise des anderen zu verstehen, jedoch möchte ich dazu sagen, dass ich mich schon seit dreißig Jahren offiziell mit dem Thema Mensch beschäftige. Ich fühle mich dazu verpflichtet, meine Erfahrungen den Mitmenschen auf dieser Welt mitzuteilen. Ich stamme aus einer Arbeiterfamilie und habe somit auch keine gute Schulbildung, eher schlecht, würde ich sagen. Jedoch wollte ich es nicht dabei belassen und ich eignete mir das Wissen über die Menschen durch Lesen von Literatur und durch eigene Versuche an. Ja, sogar eine Reise aus dem Ich habe ich gemacht! Und ich weiß auch jetzt, dass es wirklich die Seele gibt, von der die ganze Welt spricht! Und ich bin mir sicher, dass wir in circa fünfzig Jahren die Seele auch filmen können. Ich denke mal, dass es bis dahin eine Kamera gibt, die in der Lage ist, feinste Impulspartikel durch optische Abtastung festhalten zu können. Es gibt schon sehr viel Technik auf dieser Welt, von der ich keine Ahnung habe, jedoch bin ich davon überzeugt, dass der Mensch nur das erschaffen kann, was er in seiner eigenen Persönlichkeit darstellt.

Sie werden beim Weiterlesen des Buches feststellen, dass sich einige Abschnitte wiederholen werden, dieses dient dazu, damit Ihr Unterbewusstsein es besser aufnehmen kann. Ihr Unterbewusstsein arbeitet fast so wie eine Festplatte, mit dem einzigen Unterschied, dass Sie nicht so darauf zugreifen können wie an Ihrem PC; es gibt jedoch die Möglichkeit, das über Hypnose zu tun. Wenn wir es mal umrechnen würden, hätte das Unterbewusstsein eine Speicherkapazität von ungefähr 900 Millionen Gigabyte!

Nun möchte ich Sie hier nicht weiter mit solchen Sachen aufhalten, sondern mit dem Schreiben über die Menschen fortfahren.

Zur Erinnerung! Würden Sie mir die Frage stellen, wie kann ich erfolgreich werden, wäre meine Antwort: Keiner kann erfolgreich werden, wir können nur erfolgreich sein. Erfolgreich zu sein bedeutet, gewisse Dinge zu erledigen, die wir uns vorgenommen haben zu tun.

Wenn Sie ständig das tun, was Sie sich vorgenommen haben, dann können Sie nur erfolgreich sein. Aber bitte nicht morgen, sondern heute. Denn Sie können morgen nichts für heute tun. Das Gestern können Sie nicht ändern und das Morgen können Sie nur planen. Ob Sie das Morgen verwirklichen können, liegt in Gottes Hand.

Versuchen Sie sich nicht in eine Form zu pressen, in die Sie nicht hineinpassen. Bleiben Sie so, wie Sie sind, denn in Ihnen steckt ein wundervoller Mensch, ein Mensch, den man mit Worten nicht beschreiben kann. Sie sollten sich nur entfalten und lernen, wie man mit seinen Mitmenschen umgehen kann, und dazu gehören die Spielregeln des Lebens. Sich nicht in eine Form hineinzupressen, in die Sie nicht hineinpassen, damit meine ich, dass Sie sich selbst treu bleiben sollen, so wie Sie sind. Ihre Mimik und Ihre Körpersprache sind hier gefragt. Wenn Sie Schauspieler werden möchten, fragt niemand nach einem zweiten „Sylvester Stallone". Das Publikum möchte eine neue Persönlichkeit sehen. Sie möchte man sehen und nicht eine schlechte Kopie.

Das gilt auch im Leben und immer, wenn wir es mit Menschen zu tun haben. Vorbilder dürfen wir alle haben, jeder große Star und jeder Politiker hatte vorher ein Vorbild. Auch Sie und ich, oder? Menschen, die sich an Vorbildern orientieren, leben ein sinnvolles Leben. Ohne Vorbilder gäbe es keine großen Stars. Vorbilder können dazu verleiten, dass Sie selbst ein Vorbild werden. Nicht die Kopie Ihres Vorbildes, sondern Sie selbst.

Bitte nehmen Sie sich zu Herzen: Bleiben Sie Ihrem eigenen Ichbewusstsein treu und machen Sie das Beste daraus, niemand kann so sein wie Sie! Sie sind einzigartig in Ihrer Art. Seien Sie Ihr eigener Sonnenschein, dann scheint auch Ihr Leben wie die Sonne selbst. Seien Sie ein Straßenstreicher oder ein König. Sie sind dafür verantwortlich, was Sie tun und was Sie nicht tun. Das heißt, wenn Sie nicht arbeiten, sind Sie dafür verantwortlich, dass Sie kein Geld verdienen, und wenn Sie arbeiten, sind Sie dafür verantwortlich, dass Sie Geld verdienen und haben. Das Einzige, worauf es ankommt, ist, dass wir daran arbeiten und lernen, uns zu entfalten. Wenn Sie dazu bereit sind, Ihre Persönlichkeit zu entfalten, dann sollten Sie sich mit der Macht Ihres Unterbewusstseins vertraut machen. Es ist so egal, was Sie machen, Hauptsache ist nur, Sie tun es. Es zu tun ist das andere Wort für Erfolg.

Positive Gedanken und der Glaube daran, dass diese Gedanken Realität sind, bringen Ihr Unterbewusstsein dazu, es als positives Ereignis in Ihrem Leben zu leiten. Diese positiven Ereignisse müssen unweigerlich auf Sie zukommen, denn es ist die Funktionsweise unseres Unterbewusstseins, sich bildlich vorzustellen, dass Ihre positiven Gedanken real sind und dass das, was Sie positiv denken, auch existiert. Denken, Vorstellen, Glauben und Fühlen – all das besitzen wir und wir können durch tägliches Üben unser Unterbewusstsein darauf trainieren.

Seien Sie Ihr eigener Sonnenschein in Ihrem Leben, denn dann scheint auch die Sonne für Ihre Mitmenschen. Lachen und Fröhlichsein ist ansteckend, zeigen Sie Ihre Gefühle offen und ehrlich.

Wenn Sie Lust haben zu tanzen, dann tanzen Sie.

Wenn Sie Lust haben zu lachen, dann lachen Sie doch.

Wenn Ihnen nach weinen ist, dann weinen Sie doch.

Niemand wird es Ihnen übel nehmen.

Ein Mensch, der innerlich glücklich ist, dessen Augen glänzen wie Diamanten. Jeder Mensch sollte so ehrlich sein, dem anderen in die Augen zu schauen, denn dadurch schauen Sie Ihren Mitmenschen in die Seele. Ich schaue in Ihre Augen und durch Ihre Augen, sehe in Ihre Seele, ich höre die Musik Ihres Herzens und sehe das Verlangen nach Liebe und Anerkennung.

Wann auch immer Sie ein Gespräch führen, schauen Sie Ihrem Gesprächspartner immer in die Augen, das ist so wichtig wie das Wasser für die Pflanze.

Denken Sie an die antimateriellen Energien, die Sie mit Ihren Gedanken ausstrahlen, und nehmen Sie Kontakt mit den Augen auf.

Jeder Mensch hat seine eigene Persönlichkeit, sozusagen sein eigenes Ich. Ein ICH, mit einer eigenen Aura, unser Seelennebel, kleinste Atompartikel, die unseren Raum umgeben. Ein atomarer Astralnebel, den wir mit unseren Gedanken durch Raum und Zeit weiterleiten können. Weiterleiten zu unseren Mitmenschen.

Wir haben und besitzen die Fähigkeit zu senden und zu empfangen. Senden Sie Ihre Aura positiv aus, damit Ihre Mitmenschen positive Gedanken empfangen können. Positive Impulse voller Energie und Wirkung. Damit Sie sich selbst und Ihren Mitmenschen helfen können. Wir sind Gottes Kinder, mit göttlichen Gaben, Gaben, die Sie täglich positiv nutzen sollten, für sich selbst und unsere Mitmenschen.

Vergessen wir bitte nicht, dass es Menschen gibt, die unsere Hilfe benötigen, Menschen, die Hunger haben, Menschen ohne Schule, Menschen ohne Familie und Ideale, Menschen, die nicht die Gelegenheit haben, sich entfalten zu können und zu dürfen. Doch auch diese Menschen haben das Anrecht darauf, es sollte unsere Aufgabe sein, diesen Mitmenschen zu helfen.

Wir alle haben das Recht, ein gutes und gesundes Leben zu führen, das sind wir uns alle wert! Vergessen Sie bitte nicht: Es gibt drei Dinge auf der Welt, die Sie mit Geld nicht kaufen können; das sind die Gesundheit, die Liebe und das Glück, jedoch diese drei Dinge kann man geschenkt haben! Das kostet uns keinen Pfennig.

Jeder Tag gibt uns eine neue Chance, eine Chance, die wir nutzen sollten, weil jeder Tag zählt! Wie oft laufen wir an unserem Glück vorüber, ohne dass es uns auffällt.

Seien wir für jeden Tag, den wir erleben dürfen, dankbar, denn das Leben ist sehr, sehr schnell beendet. Wenn wir jung sind, haben wir alle Zeit der Welt, je älter wir werden, umso schneller verlebt sich das Leben. Jeder Tag ist anders, und jeder Tag hat neue Chancen, unser Leben schöner zu gestalten. Keiner weiß, was uns der nächste Tag bringt, jedoch können wir heute den morgigen Tag besser gestalten. Die Gegenwart ist da, um die gegenwärtige Zeit zu nutzen, zu nutzen für den morgigen Tag.

Vergessen wir nicht: Sie können heute nichts für gestern tun, jedoch für morgen.

Denken wir an unsere Seele! Diese Seele ist Ihr eigenes Ich! Und diese Seele ist Realität! Sie ist da und lässt uns leben, ein Leben, das wir uns selbst schön machen können, wenn wir dazu bereit sind, uns zu ändern.

Versuchen wir nicht, diese Welt zu ändern, die Welt ist schon in Ordnung! Wir sollten uns ändern! Und wir sollten mit unseren Gedanken anfangen, denn es ist der Gedanke, der zählt, der alles verändern kann und der uns anders leben lässt. Denken Sie mal darüber nach! Danke!

Arbeiten Sie mit diesem Buch.

Wie stellen Sie sich die Seele vor?

_____

_____

_____

_____

_____

_____

_____

_____

_____

Senden Sie bitte ein E-Mail an tomano@web.de

Arbeiten Sie mit diesem Buch.

Wie schätzen Sie sich als Mensch ein?

_____

_____

_____

_____

_____

_____

_____

_____

_____

Senden Sie bitte ein E-Mail an tomano@web.de

Glauben Sie, dass es einen Gott gibt?

_____

_____

_____

_____

_____

_____

_____

_____

_____

_____

_____

_____

_____

Notizen

Widmung

Dieses kleine Buch widme ich meiner Frau Margret und unseren vier Kindern Thomas, Sascha, Stephanie und David. Meinem Geheimnis! Und all meinen Lesern! Sowie allen Mitmenschen auf dieser Welt! Ich wünsche Ihnen und allen anderen Menschen Gesundheit, Liebe und Anerkennung.

Der Autor

Bernhard Offermanns